JN411938

적절한 웃음이 떠오르지 않았다

조성국 시집

시인동네 시인선 148

조성국 시집

적절한 웃음이 떠오르지 않았다

시인동네

시인의 말

손을 놓는 그 순간 가라앉을 것 같아서
허공에 떠다니는 글자들을 잡고 있다

바다를 뛰어넘지 못한 춤,
저 미련한 기포들

2021년 봄
조성국

차례

제2부

제3부

제4부

제1부

숲

비밀이 없는 숲엔 독한 비밀이 있지

슬픔이 없는 숲엔 독한 슬픔이 있고

우리가 화창한 날에 죽은 나무도 있어

낙원

오빠라고 불린 거 같아 뒤를 돌아보았다

나는 여동생이 없고
내 등이 어떻게 생겼기에 피곤해 보인다는 걸까
관절 마디들이 척추 한가운데로 몰려
단봉낙타가 된 걸까

자수정 박힌 가락지가 쇼핑백에서 병을 꺼냈다 뚜껑을 돌려따면
멍든 생물이 기어 나올 것 같았다 호주머니에서 웃음을 꺼내
보여주며 나는 민방위 표지가 붙은 지하철 입구로
들어갔다가 근친 아닌 불특정 다수에 섞여
악기 상가로 들어가는 출구로
되돌아서 나왔다

병은 아직 공감대를 찾지 못했는지 도로경계석에 앉아 늙고 있었다 이제 막 수평을 잡고 숨 고르고 있었을 성징이 툭, 툭,

중절모 쓴 낙타의 거친 앞발에 치이고 있었다

병 깨지는 소리를 내 그림자가 밟은 걸까 생식기
표본이 길바닥에서 꿈틀거리는 걸까
웃음 냄새가 지독했다

아무도 잘못하지 않았다
황사 뒤에 숨어서

로드킬 1

투명한 숲은 가끔 새 이름을 부른다

속도는 차단되고 소리는 통과했다

한 방울 머큐로크롬이 바닥에서 배어났다

로드킬 2

주저하는 자세는 무릎을 이미 꿇은 것

불빛, 그 너머로 별빛이 스쳐갔다

풀물에 엉겨 붙었을

디젤 같은

쌍욕

3초의 조우

피할 곳은 없었다 인기척은 다가오고

동공을 늘렸으나 빛은 모이지 않았다 흉기의 강도는 재질에 비례하고 철기는 가공될 때 분노를 축적하고 순한 목기 골기도 폭발하면 강력하고 방어근은 공격근보다 육질이 허술하고 상대의 타격감은 기분 따라 다를 거야 종일 우울한 채로 돌아다닌 F라면 나의 오늘 운은 횡액에 들었을 것 턱뼈가 돌아가고 갈비뼈는 부러지고 손으로 벌레 하나 잡지 못하는 E라면 내가 어금니를 깨물고 다가오고 있을 걸 시간을 묻는 A라면 해피엔딩이 될 거고 R처럼 나이를 물으면 곤란할 수도 있을 거고 내일을 서로 바꿔보며 캄캄하다고 놀리겠지 뒷골목은 여기서 끝나지 않을 거라고

껴안고 어둠의 바깥으로 뛰어들자면 어떡하지

그럴 듯한 R의 요구는 수용하기 힘들 거야 뒤돌아서 뛰는 일은 비겁한 짓이겠고 구명을 요구하면 후회로 남을 거야 거리가 줄어들자 보폭이 좁아졌고 몇 년쯤 더 써먹을 상상력을 다

털어도 적절한 웃음이 떠오르지 않았다

아무리 어둡더라도 무례하진 말아야지

골목에 피 냄새가 홍건할 것 같았다 검은색 볼펜으로 어떤 증거를 남길까 때로는 침묵이 많은 것을 말해주지 오늘밤도 무거워서 환기는 어렵겠고

길에서 밀려 좁아진 길에는 늘 어둠이 모여든다

깍두기

싹이 노랗다거나 무청이 짧다거나 색감 있는 샐러드에 끼어 들지 못하거나,

독(獨)하게 속 썩은 죄로 조각난 무는 있다

노량진 2

먹고 사는 문제를 길거리에 서서 푼다.

구름의 모양이나 움직임을 고려할 때 컵밥에 덮을 메뉴로 가장 적절한 것은?

① 뱉다 삼킨 욕
② 상처 없는 치통
③ 끈 끊어진 마스크
④ 잘못 예보된 적설량
⑤ 사용한 적 없는 수정 테이프

울음이 오렌지색인 비둘기가 날아온다.

막차

해장국집 여주인은 웃음이 많아졌고 사직을 권고 당한 친구는 빨리 늙었다

지금쯤
새 등산화는
눈길 걷고 있겠지

발목 아픈 친구는 막차를 타지 않았다 할 말을 잃은 말은 고개를 자꾸 숙였다

내 말은
어떤 권고도
신겨주지 못했다

저기 갈색 부츠는 한숨을 깊게 신고 저기 하이힐은 미소를 올려 신었다

어쩌면

눈 그쳤을 때쯤
벗겨질 수 있겠지

신들이 짝을 지어 오늘을 넘고 있다 내일을 놓칠까봐 발을 잡고 달렸겠지

서로들
다른 궤가를 신고
같은 길을 가고 있다

창 1

옷이
다 젖은 나비
돌 언덕을 올라갔다

작약은 작년보다 화장 더 짙어졌다

때 이른 저 죽음을 묻다 늦은 밥을 먹었다

창 2

표정을 닫은 일행이 객실로 들어갔다

누구도 통기타를 메고 있지 않았고

모르는 얼굴들 그 사이

이미 공기는

희박했다

하이힐

기린의 긴 다리가 물가에서 벌어졌다

한 모금의 물은 죽음보다 강렬하다

악어는 지퍼를 닫고 눈을 감는 저 노을

늦잠

마당에 쑥 한 바가지 갖다 놓고 올라왔다

서성이다 그냥 왔다 국이라도 끓이거라

아직도 너 잠이 많더라
하긴 잠이 좋긴 좋더라

손목시계

서랍을 정리하다 송충이가 나왔다

애벌레처럼 한잠 자고 밤새워 공부한다, 하고 시험 때만 되면 깨워달라, 했고 당신은 초저녁부터 자빠진 내 곁에서 부채질해주고 가는 손목에 수갑처럼 채워진 시계 들여다보며 시간마다 나를 깨웠다 겨우 눈을 떠보면 반달은 그믐달이 되어 휘휘 졸고 졸면서도 잠 쫓느라 금강경을 외웠다 국어책은 양은밥상에서 모란꽃 같은 시를 외우다 저 혼자 시들고 수학책은 인수나 미지수가 뭔지 모르고 분해됐고 나는 학교 갈 때쯤에야 좀비처럼 벌떡 일어나 왜 깨우지 않았냐 하고 눈알 부라리고 밥도 안 처먹고 학교 간다 지랄해서 낡은 솔잎 같은 당신 실핏줄까지 갉아먹었다

오래전 죽은 줄 알았던 송충이가 자고 있다

낮달

압축됐던 천 년이 일시에 개봉되자 햇빛이 기다리다 눈부시게 파고들었다

어딨지?

금동신 벗어놓고 달아난 신라 여자

돼지부속집

바깥이나 구석이라 애초에 그른 거지

껍데기나 장이나 창자, 뭐 간단하게 부속이지 듣기만 해도 목 짧아지고 코가 눌리지 한번 잘못 잡힌 자리 쉽게 바뀔 수 있겠어 육질은 따져 뭐해 몇 계절 버티려면 무조건 질겨야지 으리으리한 데는 얼씬도 하지 못해 겉은 남루하고 속은 난해하거든 그래서 그런 건지 죽어서도 저렴하지 변두리 비닐천막을 어떻게들 아셨을까 하기야 굽는 냄새는 천당처럼 그럴듯해 연탄불이 드세니까 타지 않게 구워들 드셔 감전되고 토막나고 불이라고 못 견딜까 연기는 연통으로 죽 죽 다 빠지는데 뭔 눈물이 난다고들 눈가를 훔치실까 저 양반 고향 간다더니 아직 못 갔나 보네 얼굴이 반쪽이고 웃는 소리도 젖어 있어 피부 관리도 하고 장 청소도 하셔야지 어떡하나 내놓을 게 섭섭한 거뿐이네 저기 저녁 하늘에 잔별 한 줌 또 들어오시네 비좁고 어두운 데 자리들 잡으시네 서쪽에다 술이나 한 잔 뿌려놓아야지 몇몇은 앉자마자 유성이 되고 말 거야

지구는 한쪽으로만 도네, 지독한 질환이네

개도둑놈의갈고리

꽃은 늦여름에 피고 색은 순한 분홍이고 콩알만 한 귀를 산길에 대고 졸다 인기척 바짓가랑이에 붙어 어딘지도 모르고

마을에 내려왔다가 우는 개를 잡아간다

달팽이

모래알만 한 입과 위장 컨테이너에 싣고 세상 저 바깥으로 포복해나가는 동안

그이가 먹은 풀잎과
이슬 총량은

2.8g

제2부

뉴스

봄 가지러 나갔다가 미끄러질 뻔했지요

나무들은 어두웠고 개도 짖지 않았어요

아직도 녹지 않은 눈사람, 멱살 잡을 뻔했어요

정의 튀김

법원 들락대느라 꽃신들 다 닳았다

기름에 튀겨내면 짚신도 고소하다는데

내일은 다 주워다가 보신이나 해야지

절망사항

아마 지구 내핵은 이미 터졌을 거야

입과 귀를 빼서 줄게, 앵무들이 그랬으면 벌써 모든 아파트는 조롱이 됐을 거야 손과 발을 빼서 줄게, 도마뱀들이 그러면 이 땅덩어리는 갈라파고스가 되겠지 눈만 빼고 다 빼줄게, 블랙홀이 그래주면 휘발유를 본 불처럼 저들 달려갈 텐데

모두가 웃지는 못할 거야,
민주주의 치하에선

열대야

옆집 개 두 마리가 달을 보고 짖어댄다

저 바람은 가벼워서 늘 나무 위를 서성이고 저 고양이는 늘 담을 넘어 지나가고 나는 늘 재채기에 마른기침을 하고 저 작약은 질 걸 알면서도 늘 죽도록 피는 거고 저 달은 심심해서 늘 찌그러졌다 펴졌다 하는 건데 저 개들은 지렁이 어디 숨겨놓고 매일 처먹는지 열대야에 지치지도 않는다 제 습성 그대로 덥석 물어 넘기다 목에 걸려버리게 에라, 닭뼈라도 던져줄까 그 흔해빠진 먹구름은 어디 가 자빠졌을까 저 두 아가리에 먹물이나 한 바가지 쏟아붓지

저 새끼들 옆 놈 얼굴 제 집에다 그려놓고 서로 눈을 발톱으로 찌르는지 번갈아 악을 쓰는데 왜 내 눈알이 쓰라리고 베개는 라텍스인데 왜 돌멩이 같고 발바닥은 맨발인데 왜 다리미 같을까 여보, 아버님 댁 TV 신문 다 끊고 창문 다 막아드려야겠어요, 말이라도 그럴 통 큰 며느릿감은 어디 꼭꼭 숨었을까

나는 아무래도 전생에 집구석 하나라도 구한 적 없는 거 같

아 어젯밤 머리통 찌그러지도록 굴리다가 새벽쯤 제풀에 세상 모르게 까무러쳤다가 대통령감 고르라는 전화에 놀라 깨서 종일 억울하고 무릎이 아픈데다 원시에 난시가 겹쳐 이사 가거나 학습 능력과 혀가 굳어 이민 갈 수도 없는데

아, 오늘 꽉 찬 보름달이다 내가 먼저 짖어야지

소금쟁이

한때 고인 물을 찾아 돌아다닌 적이 있다

태풍을 기대하고 펜을 긁적였으나

파문은 물에 빠져 죽고 흰 구름만 오갔다

횟집 수족관

광어는 광어끼리 도다리는 도다리끼리 같은 방향 같은 족속끼리끼리 몰려 있다

관 속도 시끄럽겠다

손님은 왜 없나 몰라

무서운 수국

밟은 땅이 산성이면 파란 꽃을 치올리고 땅이 염기성이면 붉은 꽃을 치올린다

꽃잎은 떼로 뭉쳐 피고 꽃송이는 주먹 같다

수상한 동네

내가 기르는 개를 모르는 개라고 했다

반은 그렇다고 했고 반은 미쳤다고 했다

사실은 개 같은 고양이라고 했을 때도 그랬다

봄날을 잡아간 국어

1.
천장만 쳐다보고 봄날이 누워 있다

밥상에 꽃구경이 반찬으로 올라왔다 밥 먹고 전철 타고 여의도에 나가보자 여기 변두리도 별의별 꽃 지천이다 분위기가 색다르다 분위기 같은 소리 한다 잘났어 정말, 가청권 밖이 닫혔을 때 귀신은 뭐 하나 몰라, 가시권 밖을 보여줬다

꽃길은 꼳낄이 됐고 꽃망울은 꼰망울이 됐다

2.
새벽부터 음운들이 욕을 하며 비행했다 건기의 징후들이 신문에 쫙, 깔리고 먼지가 상륙하고 육지는 기화했다 고래는 광장으로 진달래는 어항으로 생쥐는 산으로 가고 영산홍은 산호가 됐고 콧노래는 구름으로 뭉쳤다가 뭉개지고 뻐꾸기는 울다가 덜커덕, 털이 됐고 그늘을 좇던 해는 그믐달로 떠버렸고 대낮을 문지르면 먹구름이 피어나고 야밤을 문지르면 불

꽃이 흩어지고 뉴스는 컬러였다 흑백으로 두 쪽 났다 사방이 쪼개졌고 기억할 게 많아졌다 리본 동백 나비 촛불 심장 입술 손가락, 옷깃에 달아야 할 배지가 늘어났고 무거웠다

3.
숟가락을 잡아먹은 말문은 다 헐었다

다시 오늘의 맞춤법을 이 잡듯 뒤져본다 꽃이 꼬치 꽃을 꼬츨, 꽃에 꼬체 꽃밭 꼳빧 꽃다발을 들고서 남쪽에서 귀인이 온다 꼳따발을 들고서 남쪽에서 귀신이 온다 안 온다 온다, 온다 안 온다 귀인 귀신, 귀신 귀인

무서워,
입맛 잃은 꽃잎들 서둘러서 지겠다

궁금한 어느 베스트셀러

『Justice』라는 책이 아메리카에서 출간됐을 때 1년 동안 십만 권이 가을 강물처럼 팔렸다는데 이듬해 그 책이 코리아에서 『정의란 무엇인가』로 번역돼 나왔을 때 강물이 둑을 넘듯 1년 만에 백만 권 넘게 팔렸고 이후 강산이 변한다는 10년 지난 지금까지 홍수는 아니지만 판매 수량이 만만치 않은 것으로 알려졌다

하버드와 석학 철학 마이크와 샌달 등 내 책꽂이에도 뭐 그런 단단한 말들이 자리를 잡고 있지 독서 효과를 볼 때가 지난 것도 같은데 우리 동네 개들도 1년 내내 물고 다니더라고

하기야 읽은 대로 따라 고민했다면 나 지금쯤 지팡이 짚고 구름 타고 다닐 거야

어제 술 취한 김에 일기 한 줄 썼나 보다

불의는 못 박고 참았으나 불이익은 못 참았다

개

개, 새, 끼, 또박 또박 외치고 싶었으나
그때마다 이를 물고 충성, 짖고 말았다

제대 후 직장에서도 그 버릇은 못 버렸다

도굴

과거를 뒤
질 때마다
역사가 달
라지더라고

재구성
을 하더라도
질량
은 못 변하고

소설이 소가 혀로 쓰는 되새김질도 아니고

유세

잠잘아 잠잘아 잠잘아 잠잘아, 이리 오면 살고 저리 가면 죽는다

아니지,

잠자리들은 어떻게든 죽었다

입술액자

『코끼리는 생각하지 마』 책을 읽다 잠들었다.

나는 세렝게티에서 코끼리에게 쫓기었다. 얼룩말은 생각하지 마, 그 말을 들었을 때 흰 말과 검은 말이 내 등을 밟고 내달렸다. 정말 나는 아니라고, 악어가 아니라고! 악어처럼 턱을 벌려 소리를 질렀을 때 내 다리가 악어 입으로 포복해 들어갔다.

꿈에서 나왔을 때 고막이 쓰라렸다. 그 오렌지는 사과였어, 오렌지는 잊어버려. 그가 오렌지색 사과를 내 머리에 올려놓았다. 네 잘못이 아니야, 이제 사과만 생각해. 망치와 못을 들고 사과를 응시했다.

당신도 잠이 든 순간 정물이 될 겁니다.

베이비 붐붐 베이비 밤밤

가야 할 때도 올 때처럼 종잡을 수 없는 거지

1.
터질 건지 말 건지 나도 잘 모르겠어
수사를 의뢰해도 미궁에 빠질 거야
우연을 목 졸라도 나올 게 없을 거고
포렌식을 하더라도 스모킹 건은 없을 거야
baby boom boom, baby bomb bomb
어쩌다 겹친 발자국을 세탁할 수도 없고

2.
통화는 줄어들고 가슴만 새근대겠지
지식창 두드리며 겨울을 났을 거야
낙엽을 되살리고 얼음 다시 녹이고
닥스훈트 두 앞발을 늘리고 싶었겠지
잠 못 드는 이유들을 집요하게 올렸을 걸
내가 돌을 든 순간 먹구름은 무슨 생각했을까요
돌을 내려놓으면 햇빛 다시 올까요

그때까지 8분 동안 님들은 무얼 할 건가요
눈을 치울 건가요, 눈을 감을 건가요
baby boom boom, baby bomb bomb
개들은 왜 나만 보면 까마귀처럼 짖는 걸까요

3.
내비게이션은 없고 먼지경보만 북적일 걸
명작 같은 메모들은 표절을 했을 거야
흐린 날 공복에는 조용필의 킬리만자로 표범을 듣고
1월에 몰래 외운 시는 이호우의 개화
4월에 몰래 옮긴 시는 이형기의 낙화
메모장 끝 문장이 희망적일지 몰라
나이아가라에서 뛰어내리고도 멀쩡하게 살아남은 남자
baby boom boom, baby bomb bomb
결국은 오렌지 껍질에 미끄러져 죽었다

4.
동면하는 나무처럼 호흡은 적게 하고

눈귀는 틀어막고 광장은 가지 않고
올드한 베이비라 전철에선 안절부절못하고
쌀밥은 그래야지, 하루 한 끼만 먹어야지
baby boom boom, baby bomb bomb
건강은 챙기더라도 치료는 받지 않겠네

이보게,
바나나 먹을 때 헬멧은 쓸까? 말까?

필체

옆에서 붐붐밤밤, 써보라고 주문했다

멸치 같은 성질에 백지를 보았으니 재빠르게 붐붐밤밤, 파도치듯 휘갈겨서 과거시험 답안지처럼 곱게 들어 내밀었다 TV에서 보았다며 내 필체를 평가하길, 미음 자의 끝 획을 단단하게 막아야지 들어온 재물이 나가지 않는 건데 니은 자 두 가닥을 물결처럼 연결해서 그걸 미음이라고 찰랑찰랑 그렸으니 아예 밑 빠진 독이라고 밥 없는데 국수나 삶으라고 등을 떠밀어서 밀리지 않으려고 엉덩이를 붙였으나

아무리 다시 써봐도 밑바닥은 안 생겼다

수술

대기실 한 구석에 얇은 어항이 있다

물은 몸 한쪽 눕어 겨우 적실 만하다

붕어가 뻐끔거리며 검은 돌을 뱉는다

달콤한 것들

애걔, 코딱지만 한데 이것도 땅이라고 기다리는 단비는 늘 전국적이지 않아

제기랄, 달콤한 것들은 언제나 국지적이야

제3부

등

사마귀 현관에서 발톱을 갈고 있다

그늘을 본 오후가 어깨를 움츠렸다

산책을 나가던 개가
기척을 감지했다

죽음도 저 모르는 죽음이 흔해졌다

송곳 같은 두 앞발을 높이 쳐든 십일월이

그 하얀 낮달의 목덜미를
겨냥하고 있었다

깡통

동쪽 개울 건너 화엄전 방우산방

부처님 오신 날 맞아 찾아간 기자에게 흘러온 길 내보이며 계곡물처럼 법문하던 여든하고도 여섯 해나 더 묵으신 노스님 문득 침이 튀는 물살을 접고 에구, 벌써 밥때 됐다, 하고 지팡이처럼 벌떡 일어서셨다고 신문은 자잘한 것까지 전해줬다

그 차진 노스님의 밥, 그 소리가 혀에 착 감겼다

밥 냄새가 귀를 돌아 내 허기를 파고들었다

시계를 보았더니 아홉 시가 지나갔다 신문을 접고 안방을 열고 묵은 화두를 던지듯 밥때가 한참 지났다, 했다 먹구름 걷히듯이 이불이 들춰지고 마누라 제 입술을 검지로 막고서는 애가 자고 있으니 깰 때까지 기다려, 했다

방문이 말문처럼 닫히고 가정환경이 정리됐다

늙어 고삐 풀렸으나 나갈 데가 없어졌다

여물만 축내는 눈치 없는 소처럼 눈만 껌뻑이며 지푸라기처럼 살아온 길 깔깔하게 되새김질하다 오늘의 운세 다시 펼쳐보다 옆집 개에게 크게 짖어보라 입 벌리고 삿대질하다 창

문 긁고 지나가는 흰 구름 쳐다보다
입맛 다 달아나서야 아침 얻어먹었다

오후는 늘어졌고 목덜미가 허전했다
나는 방우(放牛) 목우(牧牛) 그리고 출가(出家) 가출(家出) 이 허전한 단어들을 이리저리 굴려보다 분유통 같은 생각이나 하고 있는 내 머리통 스무 해쯤 더 묵으면 풍경 소리 한 줄 들어찰까 혀를 차며 쓰다듬다
길 없는 구두를 꺼내 출출해질 때까지 닦았다

침묵의 방향

꿈틀대던 수증기가 북쪽을 바라봤다

동공은 고요하고 안압(眼壓)은 945mb

천천히 시간의 역방향으로 회전을 시작했다

죽은 척

머리 깎은 친구가 암자(庵子)를 보내왔다

누각에 문은 없고 찻잔은 비어 있고

안팎에 아무도 없어 백일홍은 지고 있다

안개는 길을 찾아 산으로 올라오고

뱁새는 난간에서 부리를 가다듬고

벌레는 죽은 척하고 마루 틈에 숨어 있다

파리채

벽 붙잡고 숨 고르는 파리를 때려잡았다

저게 플라스틱이지만 생사 가를 무기다 어디서 사거나 얻어 언제 들어왔는지 그 기원을 알 수 없는 걸로 미뤄 보아 아마 아버지가 쓰다 놓고 가신 전가(傳家)의 보도(寶刀) 가운데 하나일 것 아직 재우지 못한 살기 때문인지 스스로 이마를 찢고 가슴팍을 뜯었다

격정의 흔적들은 의외로 측은하다 사체를 휴지에 싸서 변기에 던져 넣고 다시 들여다봤다 아무리 돌려봐도 복구 불가능한 몰골 버릴 건 해묵은 후회처럼 꺾어 내던져야 하는데 끌어안고 사는 게 전가의 습성이다 그림의 떡 같은 족보나 그믐달 같은 낫이나 드는 순간 부러질 낚싯대나 뭐 그런 이빨 다 빠진 우연이나 아집들

아버지는 파리채를 유난히 애용했다 바깥이 마음에 들지 않을 때마다 집 안에다 파리채를 휘둘렀다 급히 보내드리느라 미처 챙기지 못했다 옥션에서 찾아보니 아버지 탐낼 만한

별별 파리채가 수북하다 그립감 좋고 연꽃 문양에다 사체 처리 기능도 탁월하다는 게 한 개에 천 원 새 파리채 하나 사서 전가의 인습들과 영원히 결별해야지

이참에 흰 구름만 남기고 다 때려잡아야겠다

액자를 위한 변명

너 없이는 못살아, 시작은 이랬다가
너 때문에 못살아, 말이 바뀔 때가 있다
안 살아, 못을 빼기는 박기보다 어렵다

바로 잡은 액자가 오늘 또 기울었다
못은 액자를 물고 액자는 안을 물고
매달린 두 물고기가 방바닥을 보고 있다

꽃샘

한창 좋을 때가 한창 위험할 때

손목을 붙잡은 손 꺾어지게 뿌리쳤다 오므라진 입술 꼭, 막 돋은 몽우리였고 되돌아온 빈손 딱, 꽃 떨어진 가지였다
저맘때 저 꽃길에서 나도 추워 본 적 있다

그 녀석 손 붙들고 해주고픈 말 있었다 선택은 순간이지만 수명도 길고 종류도 많아 좌우하는 게 어디 십 년뿐이고 전자 제품뿐일까 등짝을 맞더라도 소리라도 질러줄 걸 으어어, 눈치 보다가 그 순간을 놓쳤다

꽃구경 잡혀간 날 구름 한 점 없었다
흐려도 좋은 날은 왜 자꾸 많아질까 먹구름으로 끌려 나가 싸락눈으로 돌아다녔다 내일은 황사도 끼고 택배 올 일도 없다 오후에 고물 삽니다, 낡은 트럭 지나가겠지 자는 척 코 골아야지 눈은 뜨고 버텨야지

추위는 꽃이 미워 죽겠는데 춥기는 내가 추워

도둑

어디가 눅눅한지 아내는 뒤척였다

마당에 나갔다가 돌아와 누워서는
빨래건조대에 걸쳐놓았던 칫솔들이 없어졌다, 했다

둘은 우리 거고 둘은 애들이 오면 쓰는 건데 예쁜 색깔들이라 새들이 물어갔나 언덕 키 큰 나무에 사는 까치가 집 고치는데 쓰려고 가져갔나 많이 낡았는데 이제 그 집 참 예뻐지겠다 내일은 우리 집도 창문을 닦아야겠어 올해는 함박꽃이 빨리 지고 흰 구름도 무거워 보여 책들도 말들도 젖어 있고,

나는 돌아누웠고 가끔 바람 소리 들렸다

다음날 아침
칫솔들은 건조대 밑 풀밭에 떨어져 있었다

젖은 시간들을 주워들고 들어왔다

아내는 보이지 않고
까치들이 울었다

맞춤 내복

맞춤 양복은 있고 맞춤 내복은 없는 듯

어떤 건 목이 오므라져 목덜미는 따뜻한데 등 길이가 짧아 허리춤이 허전하고 어떤 건 길이는 넉넉한데 목이 너무 넓다 어떤 건 통은 넓어 편한데 다리 길이가 짧아 종아리가 쓸쓸하고 어떤 건 다리 길이는 적당한데 발목이 좁아 답답하다 같은 서랍 속에서 같은 이불 속에서

속으로 툴툴대면서 낡아가는 것이다

동해

노래는 울컥울컥 동해로 나아갔다 부엌에서 거실로 파도가 밀려왔다 소리는 어두웠고 조개껍질들은 무거웠다

바다가 제 상처를 쓰다듬고 씻어냈다

내 모든 식후의 감각들은 젖은 모래를 씹었다

바리캉

감염병 돌고 나서 문을 닫아걸었다

바리캉 주문해서 옆에다 쥐어줬다 싫다는 손에 억지로 버펄로 머리통을 디밀었다 맨발로 오래 지내다 보면 망가지고 싶어진 장난감 인형처럼 함부로 굴고 싶을 때가 있다

조각가 로댕도 생각을 망치고 대리석을 때려 부순 적이 있었을 것 고성능 기계라도 무딘 손에 잡히면 저도 모르게 스텝이 꼬였을 거고 손은 매번 생전 처음 느껴보는 섬세한 절삭력에 혀를 내둘렀을 게다 그리하여 내 두상은 몇 달째 돌연, 변이 중

가는 내 발목은 참새만 한 가슴이 붙들고 있고 설악산에 벌써 첫눈 내렸고 체감온도는 영하인데 아직 체온은 36.5도를 유지 중이고 모기 입은 돌아갔고 작은 내 입은 마스크가 틀어막고 있는데도 부엌 뒤지며 먹을 거 찾아다니느라 내 계절과 방향감각은 식탁처럼 무뎌져 간다

윤도 나고 씻기도 쉽게 미련 없이 밀어버릴까 그러면 저도 나도 뒷말 없이 깔끔하겠으나 아직도 불만 있는 놈으로 비쳐질까 조심스럽고 나갈 일은 어떻게든 먹구름처럼 찾아오고

아직 아들놈들 결혼하기 전이라서 모자 눌러쓰고 캄캄하게 버티는 중 삼겹살 자동판매기까지 나왔다는데 자동머리깎기통은 나 죽어야 나올 건가

오늘도 과정은 불안했고 결과는 우울하다

해충

소독차 지나가기에 창문 열고 보았더니

뒤에서 파리채 들고 문 닫으며 등 떠민다

안에는 괜찮으니까 너나 나가 맡으란다

타란툴라*

잠결에 오줌 누다 변기에 빠질 뻔했다

며칠 전 나를 벼른 두고 보자, 독한 다짐

발밑에 검은 머리끈이 웅크리고 있었다

---

*소문에 따르면 암컷은 짝짓기 전 아무것도 입에 대지 않고 버티다가 짝짓기 후 수컷을 잡아먹는다. 수컷은 도망가더라도 한 계절을 넘기지 못하고 길섶에서 저 혼자 굶어 죽는다. 보통 때 화가 나면 제 몸을 돌돌 말아 타란툴라로 변장하는 머리 묶는 끈은 대개 암컷으로 알려져 있다.

책꽂이

무거운 눈꺼풀은 맨 위 칸에 꽂아두고

어쩌면 직립보다 고립이 필요해서 시집들을 격리한 뒤 마스크를
꽂아야지
차단할 게 다양해져 크기별로 분류하고 미생물의 캐릭터는 보이지 않으므로 소설책을 골라낸 뒤 소독제를
꽂아야지
죽일 게 늘어나서 동화는 불태우고 일상은 또 날마다 변이 될 것이므로 계간지를 소각하고 비닐장갑을
꽂아야지
마스크를 벗고 싶을 때가 가끔 있을 것이므로 호흡기가 민감한 카나리아를 키워야지 맨 아래 한 칸에다 새장을
꽂아두고

허파가 벽이 될 때까지 돌처럼 버텨야지

텔레파시

불 켜고 잡아야겠어. 앵앵대서 못 자겠어. 언제 또 나 모르게 모기까지 키웠을까.

녀석이 시키지 않았는데 옆만 물고 늘어졌나 보다.*

* 녀석은 갑자기 환해지는 바람에 허둥대다 맞아 죽고 한 시간 뒤 이번에는 내가 깼다. 처서 지나면 입 돌아가 물지 못한다는 옛말은 틀렸다. 한겨울에도 여름처럼 어떻게든 출몰한다. 암컷은 꽃의 꿀을 빨다가도 산란기에는 흡혈을 하고 수컷은 발정기에도 꽃의 꿀을 빤다고 알려져 있다.

홈쇼핑

딱 한 개 남았다는데 어쩌지 어떡할까

벼락 맞아 죽었다가 되살아난 오동을 골라 단번에 쩍쩍 켜서 죽음의 각도에 이모저모 딱딱 맞춰 못 하나 치지 않고 본드도 쓰지 않고 제 아버지 모실 것처럼 정말 제대로 짰는데도 가격은 석관보다 터무니없이 착하고 끊어진 체모 부러진 뼛조각 하나 새나갈 틈이 없어 밀폐성은 락앤락도 혀를 내두른다는 오동나무 관

다리 많은 근심은 원목향으로 달래주고 렘수면 발길질은 나이테로 묶어주고 끊어진 기억력은 아예 재생 못하도록 찌고 다지고 말려 옹이에다 가둬놓고 그리움 몇 뿌리 남아 물 마시고 광합성하며 자꾸 새잎 날까 두개골 안쪽 숨은 햇빛까지 닥닥 긁어내고 혹시 몰라 땅속 깊이 묻어주고 몇 계절 자고 나면 치통 치질에서 죽음까지 말끔해진다는 오동 오동

장의차가 아니라 택배차로 배달하니 서둘러 오늘 당장 죽지 않아도 괜찮고 급하면 특별 배송도 당장 가능해서 신경 쓸 게

전혀 없다는 오동나무 관

성능은 탁월한데 몇 가지 남은 걱정 딱딱하고 질긴 사지 구겨 넣으면 들어갈까 고장 나면 수리될까 혹시 안 맞으면 반품될까

내 영혼 울퉁불퉁한데 들어갈 수 있을까

달래

달래 한 팩 집어 들고 입맛 돌겠다, 했다

멈춘 적은 있었냐, 옆에서 혀를 찼다

무서운 그 입맛이나 달래라, 핀잔이나 먹었다

제4부

정류장에서

오늘을 다 놓친 뒤 집이 너무 멀어졌다

외박을 이제 가끔 연습하기 시작할 때

목련꽃 그 길 아는지
내 어깨를 툭,
쳤다

누나의 돌

빼꾸기가 제 알을 남의 둥지에 넣듯 아버지는 식구들을 판잣집에 밀어 넣었다 모두들 젖먹이인 나를 누나에게 밀어 넣었다

종암동 돌산에서 어머니는 돌을 캤고 형들은 학교에 갔고 나는 누나를 붙들었고 붙잡힌 누나의 등굣길은 발길질도 못했다

누나는 까무러치는 내 울음을 들쳐 업고 화약 냄새 깊이 박힌 돌산을 뒤져서는 어머니 마른 젖에다 내 입을 밀어 넣었다

누나는 아무 돌이나 돌산 밖으로 던졌으나 어떤 돌도 식구들을 벗어나지 못했다 돌마다 날을 세우고 누나의 발등을 찍었다

누나의 돌조각은 무섭게 자라났다 책에 뿌리를 박고 교실까지 가지를 쳤고 누나는 그릇의 물도 돌이 되는 걸 보았다

>

가끔 누나는 돌산 끝까지 올라갔고 나는 누나의 등짝에다 주둥이를 박았다 핏물을 다 빨아먹어야 떨어져 나갈 것처럼

누나는 식구들에게 던지고 싶은 돌들을 꾸역꾸역 제 입에다 밀어 넣고 있었다 아무도 눈치채지 못했고 나는 울기만 했다

집은 가벼워졌으나 누나는 무거워졌다 방은 넓어졌어도 창문은 어두웠고 누나가 우물을 찾았을 때 메아리는 없었다

소인국

애개개, 곁이 온통 오종종하니 그렇지요

전봇대만 하던 키는 이제 작대기만 하고 두개골도 졸아들어 눈이고 귀고 뭐고 맞지 않고 어쩌다 개 새끼도 다리 짧은 게 들어오고 마당 좁아 그런가 민들레도 서너 번 굴러보다 난간에 코를 박고 제비꽃 달개비와 놀다 참새들 쫓아내다 아니지, 다시 불러 그릇에 물 내주고 며칠 전 앵두나무에 벌새 둥지 틀었고 책상은 좁아져서 엎드려 자다 떨어지고 책꽂이엔 얇고 좁은 시집만 늘어가고 창밖 한 치 앞은 바람들로 북적이죠

그래요, 나 오르기 쉬우라고 뒷산은 무덤만 하고 하늘에는 나 보라고 잔별만 뜨고 밤마다 천둥처럼 지랄하던 잠꼬대도 조약돌처럼 순해졌죠 나는 환절기마다 호흡 방법을 바꾸고 어제는 싫다는 개 끌고 철길 건너 개천까지 나갔어요 역류하는 습성도 서너 해 더 지나면 다 잊히겠죠 흰 구름도 먹구름도 부피를 더 줄이고 내 안 가시들을 발라내고 목어(木魚)를 키워야죠

지나다 두드려주세요, 송사리를 걸어둘게요

티라노사우루스

밖은 맑고 안은
장담할 수 없다

오늘은 일기를 타진하는 날
모르는 게 약이었던 아버지의 종합적 가정의학 소견을 나는 가끔 잊는다

공복인데 키는 줄고 몸무게는 늘었다 본 거는 피가 됐고 들은 건 살이 됐겠지 아마 독이 된 게 더 많을 거야
종이컵의 용도만큼 다양한 게 있을까 물불 가리지 않던 때가 나에게도 있었겠지 망설임은 건강에 좋을까 나쁠까
입에 쓴 약을 달고 살수록 눈치는 빨라진다 채변용기는 접수 직후 수거함에 넣었다 아무리 작은 뚜껑이라도 잘 닫고 서로 미안해하며 살아야 아파도 덜 아프겠지
혈압이 뒷목인 줄 알고 팔뚝을 조르고 주삿바늘은 내 안의 폐수를 채수한다 내 백혈구는 선할까 악할까
농담도 약이 될 때가 있다
그러니까 제가 20년 전 꽃을 활짝 피운 적이 있는데 이후 꽃

이 피질 않아요 시행착오만 무성해요 가정이나 사회 환경을 정밀하게 검사해주세요

내 곁은 이제 인적이 없어 내달리기에 좋다 하지만 구두를 벗은 뒤부터 시속은 부쩍 떨어졌다

올겨울엔 눈싸움을 해보려고 요즘 발톱을 갈고 있어요 올해는 바닥이 아주 미끄러울 거 같거든요

이런 거친 말은 구취를 유발하겠지 턱뼈를 크게 벌려도 치석은 낙상하지 않는다

어제 종일 까마귀가 울었으나 폐는 아직 무사할 거야

지금 눈 감으면 첫눈 내리는 소리 듣지 못하겠지

수면마취를 취소해주세요 맨정신으로 버텨야 할 일이 어디 한두 가지겠어요

힘을 빼고 죽은 듯해야 할 때 나가고 들어올 때 그걸 아는 게 힘이라는데 목구멍은 당장 죽을 거 같은가 보다

최후의 자세는 희극일까 비극일까 눈을 부릅뜨고 앞발을 내젓는다 배경음악으로는 라쿠카라차, 급한 대로 그게 좋겠지 어쨌든 지금은 일단 살아야지

다들 바쁘신데 정말 죄송합니다 나이 들면 참는 거 하나는

잘할 줄 알았거든요

엄마 따라왔다는 아이가 내시경 검사 대기실에서 뿔 달린 공룡 미니어처와 놀고 있다

두 개 샀는데 티라노사우루스는 얼마 전에 없어졌고 트리케라톱스만 남았다, 한다

그랬구나 급상승 검색어에 적응을 못했나 보다 육식을 한다는 게 힘이 들긴 하지 턱뼈가 무사하다면 아마 백악기로 갔을 거야 누구나 다시 가보고 싶은 곳이 있거든

작아지면 길게 살 수 있을까 나는 더 작아져 무엇으로 돌아갈까 알이 될까 씨앗이 될까

안부는 보름 뒤 우편으로 보내준다, 그런다

건조경보

조카가 백 자 넘는 연하장을 보내왔다

읽다가 목이 말라 '너도' 두 자 보내줬다

한참 뒤 깔끔하네요, 빈 컵을 보내왔다

구멍

잠들기 전 닫혀 있는 이것을 만져본다

아침에는 젖을 물고 동화를 읽었다 마당 끝 난간까지 뒤뚱이며 걸어갔다 세상 속셈 배우려고 마른 울음 쏟아냈다 점심엔 난간 넘어 늪으로 들어갔다 나팔꽃은 없고 대못이 무성했다 내 다리는 짧았고 피를 보고 물을 먹었다 내 생각은 죽지에 묻어두는 게 상책이었다 수면 위는 맑았으나 아래는 진흙이었다 어디서든 입꼬리를 올리고 목청 바꿔 노래했다 꽤 오래 미꾸라지를 먹으며 안정감을 파고들었다 오후는 붉게 가라앉고 저녁은 서둘러 왔다 거창했던 어금니는 물때 끼고 금이 갔다 물갈퀴를 집어넣어 아무리 뒤져봐도 횃불이나 흰 깃발 북이나 종은 없다 수없이 따낸 별들은 어둠에 박혀 있고 쏟아낸 결심들은 허구에 걸려 있다

잠든 후 눈치 없는 이것은 쩍, 열릴 것이다

금요일 좀 빼주세요

신호등은 언제부터 내 뒤를 쫓은 걸까

면접 보러 간다는 걸 누구에게 전해 듣고 한적한 횡단보도까지 빨갛게 쫓아왔을까 선글라스는 경례로 내 불운을 위로했다 폐차 예정, 그 말은 꺼내는 게 아니었다 자전거와 자동차는 동력이 다를 것이다 가늘어진 바퀴와 닳아빠진 페달은 얼마나 내 안에서 주차를 연습한 걸까 나는 왜 이력서에 과거를 넣었을까 나는 면접관을 동네로 불렀어야 했다 늘그막을 드리프트하여 노을을 일으킨 뒤 그늘막에 주차하고 손을 탁탁 털며 하차했어야 했었다

나는 왜 현관에서 자기소개를 안 했을까 아무도 불러주지 않는 이름 까맣게 잊어버리고 가끔 부의를 들고 마을버스 기다리고 까치보다 일찍 자고 참새보다 일찍 일어나고 구름의 일기장을 대신해서 써준다고

빈손으로 돌아온 걸 문은 어떻게 알고 입 없는 비밀처럼 조금 열어줬을까 바깥을 닫아걸고 부엌에 주차하고 하루가 담

겨 있는 그릇들을 닦았다 아내는 자기소개 없이 내 옆에 주차하고 내 입에 망고젤리 한 알을 넣어줬다 내 입은 한때 기계식 주차장이었을까 내 이력을 몰고 주차와 출차를 반복했다 식탁은 만차의 주차장처럼 침묵으로 빼곡했다 옆에서 내 밥그릇에 제 밥을 더 얹어줬다

후회가 숟가락을 물고 입 안에 주차했다

현관 센서등

나 나가고 들어올 일 이제 다 끝이 났다

절연(絶緣), 그때마다 합선(合線), 하셨겠고

당신의 흰 구름 속은 온통 내 그을음이었겠다

가정환경조사서

어쨌든 아버지는 중졸에 상업이었으나 새 학년이 될 때마다 학교는 아버지를 물어봤다 샅샅이 조사해도 달라질 게 없었으나 갑자기 아버지가 대학원에 갔는지 몇 년째 없던 직업이 갑자기 생겼는지 테레비나 냉장고가 하늘에서 뚝 떨어졌는지를 집요하게 캐물었다 꿈들이 난무하는 새 시대로 올라갈 때마다 나는 선사시대로 역류했고 식구들은 웃통을 벗고 반지하에 모여 바지락칼국수를 먹었다 케이크나 고등어가 먹고 싶어도 아버지는 고집스럽게 중졸에 상업이어서 시내나 바다로 나가지 않고 쥐들이 뛰어다니는 단칸방 지붕을 지켰다 나도 무직이나 어업보다 상업이 좋은 거 같아 내 장래 희망란은 상업으로 번창했고 확인란에 아버지 목도장을 찍는 것으로 가정환경은 손을 탁탁 털고 완성됐다 어머니는 이 새끼야, 상업은 하더라도 동업하고 보증은 절대 안 된다, 내 멱살 잡아 흔들며 몇 번이고 당부하는 동안 이불을 뒤집어쓰고 아버지는 죽은 척했다

공동경비구역 JSA

우리는 공동으로 경비할 게 있었다

나는 앞서 갔고 여자애는 뒤에 왔다 푸른 머리 내민 무를 발로 차고 지나가면 무는 쪽 난 알몸으로 길섶에 뒹굴었다 여자애는 무쪽을 주워 겨드랑이에 문질러서 한입 베어 물고는 내 입에도 넣어줬다 나는 이빨을 드러내고 말처럼 웃었고 여자애는 눈을 흘기며 까치처럼 웃었다 교문이 보이면 여자애가 앞서 갔고 잔돌을 발로 차며 나는 뒤를 따라갔다

한주먹씩 기생충 약을 받아먹던 날이었다 여자애의 배를 나는 자꾸 쳐다봤고 여자애는 도루코 칼로 우리 책상을 반쪽 냈다 깊이 패인 고랑을 볼 때마다 임진강처럼 허리가 쑤셨다 나는 경계선에 나무나 구름을 심었고 여자애는 그때마다 혀를 내밀며 꽃이나 새를 심었다

아이들은 우리 책상에다 얼레리를 심었고 우리는 날을 잡아 금파리 밤나무골 새끼를 코피 터지도록 때려줬다 그래도 꼴레리는 줄어들지 않았다 여자애는 나보다 한 뼘이나 더 컸고 화를 낼 땐 철모 쓴 것 같은 단발머리를 휘날렸고 나는 다람쥐처럼 앞발질을 잘했다 우리는 둘의 책상을 경비하느라 부쩍 늙

었다

학기가 끝날 무렵 첫눈 내리던 날 다섯 애벌레들이 고랑을 넘어갔다 저쪽에선 이마에 봉숭아물을 들인 애벌레들이 기다리고 있었다

교실 밖 키 큰 나무는 총을 들고 졸았다

고장 난 프린터

조롱의 문을 열어 앵무새를 풀어줬다

세 줄을 가로질러 조감(鳥瞰)을 끝마치고 딱 한 줄 외워낸 뒤 입 다물고 조용하다
의미를 찾는 척하다 내 눈치를 살피고는 도저히 안 되겠는지 조롱으로 기어들어 간다

얼씨구, 까막눈 새끼
보는 눈은 있어서

간이역 인근

이맘때 한 번쯤은 바람 불고 비가 온다
마당은 젖어 있고 호두 거의 떨어졌다

가야 할 사람은 멀고 남을 사람은 가깝다

김밥으로 때웠다는 누나 저녁은 길고
통화 속 장모 얼굴 몇 날 식은 밥 같다

갈 길이 바쁜 사람들은 뒤를 자주 돌아본다

아이들의 안부는 물으려다 그만둔다
간이역은 폐쇄됐고 내 인근은 적막하다

구름이 가다 멈추고 철새들이 내린다

내일 파주 소래에 영하(零下)가 온다 한다
아내는 죽을 끓이고 나는 호두를 줍는다

아침은 또 얼겠지만 나무 위는 환하겠지

스파이더맨

있는 게 시간이고 널린 게 자리인데 저기에다 그물 또 던져 놓고 졸고 있다 썩은 바람이나 맛없는 나뭇잎이나 저 혼자 불쑥불쑥 지나다니는 길목 어제는 빗발에 차이다 반쯤 남은 그물에 꿀 다 빠진 아카시 흰 꽃 무더기로 걸렸다

헛헛한 배를 아침 내내 쓰다듬다 넋 놓고 쓰레기를 치우다 고개를 가로젓다 지쳤는지 전기계량기 속에 처박혀 낮 동안 발톱 다듬으며 저 혼자 욕하는 소리만 간간이 들렸다

노을을 걸치고 또 새 그물을 친다 지옥이 걸리더라도 후회하지 않겠다는 듯 착오는 내다버리고 시행만 틀어쥔 전두엽, 또 바짝 달아올랐다 핀셋으로 이마를 들춰보면 질기고 윤이 나는 습관들이 잔손금처럼 배배 틀려 있을 거 같다

그물 한구석에 쭈그려 앉아 돋보기를 쓰고 발갛게 불거졌다 까맣게 바스라지는 추억을 끌어 모으며 고래만 한 나방을 기다리고 있다

불은 또 길을 건너 가로등에 걸려들었다

생각은 낡아질수록 생각 없이 독해진다

색즉시공

하루 40km 속도로 엽록소들이 쫓기고 있다 붉고 누런 먼지 일으키며 해남 두륜산을 지나 바다로 가고 있다

차이는 속도뿐이다 모든 것은 변질된다

공전

당신이 불렀는지 가끔 밀물이 찼다

도망친 날로부터 붙잡히는 날이었다

당신이 보이지 않는 날은 한참을 돌아왔다

멸치

인과관계의 전모를 꾹꾹 참아 누르신 걸까

국수 국물 내려고 멸치를 잡아다가 똥을 뺐다 매번 똥을 뺄 때마다 눈에 거슬리는 건 똥이 머리통까지 차올라 있다는 것

국어 선생님은 교탁 바로 밑에 앉아 턱이 빠진 줄도 모른 채 졸고 있는 나를 깨우실 때마다 혀끝으로 당신 이빨을 차시고 분필 끝으로 내 이마를 두드리시며

이게 대가리에 똥만 들어가지고,

그 내막과 결말까지 다 꿰고 계신 듯했으나 원인만 풍기시고는 내게서 무슨 냄새가 나는지 얼른 푸른 칠판 쪽으로 돌아서셨다

바다까지는 가겠으나 수심 얕은 곳을 골라 몽당연필만 한 것들끼리 떼로 몰려다니다가 염분의 농도나 해류의 방향이나 수평선 기울기를 바꾸지 못하고 결국 그물에 걸려 제 명을 다

하지 못하리라,

분필을 부러뜨리시고 뚝뚝,
말을 더듬으신 걸까

계간 공동묘지

장르와 무관하게 조화가 꽂혀 있고

편집은 유사하고 시작에서 끝에까지

본책은 무덤덤하고 별책들은 말이 많다

사회적 외방인(外方人)의 해학적 우수

신상조(문학평론가)

시 비평은 시어가 함의하는 의미를 해석하는 일이 일차적 관건이다. 작품 속에 은밀히 감추어진 작가의 숨은 목소리에 비평적 숨결을 불어넣어 가시적 형상으로 끌어내는 작업이 시 비평의 핵심이자 종착점이라고 할 때, 조성국 시의 문을 여는 일은 아포리아로 말미암아 곤혹스럽다. 예컨대 서시인 「숲」은 아포리아의 강조를 통해서 시적 모호함을 시도하고 있다. 「숲」은 시인이 자신의 문학성을 표상하기 위해 선택한 그의 문학적 성향의 일단을 엿볼 수 있는 작품으로, 시집 전체의 성격을 표상하는 의미를 지닌다.

비밀이 없는 숲엔 독한 비밀이 있지

슬픔이 없는 숲엔 독한 슬픔이 있고

우리가 화창한 날에 죽은 나무도 있어

—「숲」 전문

이 시는 시적 형식과 시어의 의미의 영향 관계가 서로가 서로를 주종적(主從的)으로 구성하고 있다. "독한 비밀"과 "독한 슬픔"이라는 다소 과격한 시상이 표현의 견고성을 획득한 밀도 있는 시편으로, 정형시를 쓰는 작가로서의 솜씨가 능란하게 발휘된 작품이기도 하다. 간결한 어휘와 정연한 구성은 형태적으로 세련되었고, 역설로 전경화된 화자의 인식은 공소하거나 서투른 잠언과의 변별성을 보여주고 있다.

표면적으로 보자면 이 시의 의미는 선명하고 명시적이다. 그러나 「숲」의 진정한 의미는 말로 표현할 수 없고 백일하에 드러나지 않는 돈오(頓悟)의 형태를 띤다. 시인의 사유를 응집하여 하나의 살아있는 형상으로 비약한 표현이 역설이고, 때문에 시의 의미를 드러내는 동시에 감추는 시의 탄력에 의지하여 우리는 시가 지시하는 세계의 '비밀'과 '슬픔' 저편을 넘겨다볼 수 있는 것이다. 그렇다면 논리적 모순으로 인해 드러나는 '진실', 즉 시적 의미에 해당하는 돈오적 감각을 어떻게 명시적으로 이해할 수 있을까? 「로드킬 1」은 조성국의 시가 가진 돈오적 감각의 실체에 접근하도록 해주고, 한편으로 그러한 감각이 어디서 취해지는가를 짐작할 수 있도록 만드는 작품이다.

투명한 숲은 가끔 새 이름을 부른다

속도는 차단되고 소리는 통과했다

한 방울 머큐로크롬이 바닥에서 배어났다

—「로드킬 1」 전문

연작 시편 중 하나인 「로드킬 1」은 시적 배경이나 내용 면에서 앞서의 「숲」과 친연성을 갖는다. 조성국의 시에서 '숲'은 현실 세계는 물론이려니와 현실 이상의 공간을 열어놓는다고 할 수 있다. 다시 말해 한국 현대시에서 숲을 소재로 한 보편적 상상력에 비해, 조성국 시에서의 숲은 지상의 물리적인 자연과 거리가 멀다.

「로드킬 1」에서의 숲은 '새'의 존재 상황을 강조하는 표상적 공간이다. 따라서 숲에서 죽임을 당하는 '새'는 세계를 경험하고 인식하는 시적 주체 및 주체의 불안정한 자아상 자체이다. 새의 존재 근거인 투명한 숲이 새의 이름을 불러 무덤으로 화하는 것은 숲이 가진 "독한 비밀"이다. 로드킬 당한 새는 숲이 숨기고 싶은 "독한 슬픔"일 터이다. 시인은 이 잔인한 숲이 아름다운 가면을 끝까지 유지하도록 새의 죽음을 "한 방울 머큐로크롬이 바닥에서 배어났다"라는 유미주의적 표현으로 깔끔하게 마무리한다. 숲을 매개로 한 조성국의 시는 이처럼 새소리와 꽃향기 대신 죽음의 상상력에 토대를 두고 있다.

벗어날 수 없는 공간으로서의 숲에서 벌어진 새의 죽음은 슬프고 비밀스러워서 두려운 느낌마저 준다. 아무도 없는 숲에서 로드킬이 일어났다. 누가 그 비밀을 엿보았으며 새의 슬픔을 알아줄까? 시는 새의 죽음을 관찰하는 주체를 부재하게 함으로써 희망의 여지를 주지 않는다. "우리가 화창한 날에 죽은 나무도 있"(「숲」)지만, 그 모든 죽음은 슬프고도 영원한 비밀로 남는다. 또한 이 비밀이 더욱 잔인한 이유는 다음의 「유세」에서 드러나듯, 세계는 대상을 죽음으로 유혹할 뿐 어떠한 선택도 허용하지 않는다는 점이다.

> 잠잘아 잠잘아 잠잘아 잠잘아, 이리 오면 살고 저리 가면 죽는다
>
> 아니지,
>
> 잠자리들은 어떻게든 죽었다

—「유세」 전문

위의 시는 조선 영조 때의 가인(歌人) 이정신이 쓴 「밝가버슨 아해(兒孩) ㅣ 들리」라는 사설시조를 모티프로 하고 있다. 주지하다시피 이정신의 고전은 시대를 풍자한다. 「유세」 역시 현실을 비판적으로 대하는 조성국 시의 기본 태도와 관련되어 있다.

다른 저자의 선행 텍스트를 차용하거나 변형하는 상호텍스트성, 대상 텍스트의 속성에 기대어 세계를 경험하거나 시인의 주관적 감정을 토로하는 방식은 조성국의 시에서 자주 발견된다. 마이클 샌달의 『Justice』를 매개로 "독서 효과를 볼 때가 지난 것도 같은데 우리 동네 개들도 1년 내내 물고 다니"지만 "불의는 못 박고 참았으나 불이익은 못 참았다"(「궁금한 어느 베스트셀러」)라고 조소하거나, 『코끼리는 생각하지 마』란 책을 읽다 잠이 들었던 화자의 꿈에서 벌어지는 한바탕 연쇄적 소동(「입술액자」)이 대표적이다. 이들 작품들은 특히 시적 표현의 다양성이 주목된다. 「궁금한 어느 베스트셀러」가 부정 부사 '못'을 사물화한 언어유희를 주로 활용한다면 「입술액자」는 꿈속의 생각이 꿈을 불러오는 이미지의 연쇄가 압권이라 하겠다. "나는 세렝게티에서 코끼리에게 쫓기었다. 얼룩말은 생각하지 마, 그 말을 들었을 때 흰 말과 검은 말이 내 등을 밟고 내달렸다. 정말 나는 아니라고, 악어가 아니라고! 악어처럼 턱을 벌려 소리를 질렀을 때 내 다리가 악어 입으로 포복해 들어갔다."라는 대목에서는 액자와 같은 말의 폭력 속에 갇힌 시적 자아의 상황이 이미지의 연쇄로써 유감없이 표출된다.

다시 「유세」로 돌아가 보자. 시가 인용한 「밝가버슨 兒孩(아해)ㅣ들리」는 벌거숭이 어린이들이 잠자리를 잡는 단순한 놀이에 풍자성을 가미하여 서로 속고 속이며 모해(謀害)하는 당시의 세태를 비판하고 있는 작품이다. 시대를 풍자한다는 점과 풍자의 내용 면에서 두 작품은 근본적으로 다르지 않다. 그러나 강자들이 약자를 괴롭히는 각박한 현실 면모를 민요와 동요의 형식을 빌려 간접적으로 비판하고 있는 이정신의 시조와 달리, 조성국의 「유세」는 대상에 대해 시적 자아가 느낀 감각을 주관적으로 진술하기 위해 텍스트를 인용한다. 그는 시가 스스로 말하게 하기보다 시적 자아가 느끼는 감각 그 자체를 솔직하게 전달한다. 문학사적 의의를 염두에 둘 때, 이는 형식의 아름다움보다는 자신이 하고 싶은 말의 내용을 보다 중요하게 여기는 사설시조의 맥을 잇는 부분이다.

광어는 광어끼리 도다리는 도다리끼리 같은 방향 같은
족속 끼리끼리 몰려 있다

관 속도 시끄럽겠다

손님은 왜 없나 몰라

—「횟집 수족관」 전문

개, 새, 끼, 또박 또박 외치고 싶었으나
그때마다 이를 물고 충성, 짖고 말았다

제대 후 직장에서도 그 버릇은 못 버렸다

—「개」 전문

애개, 코딱지만 한데 이것도 땅이라고 기다리는 단비는
늘 전국적이지 않아

제기랄, 달콤한 것들은 언제나 국지적이야

—「달콤한 것들」 전문

애써 고심할 필요도 없이, 조성국의 시집에서 위와 같은 성격의 작품들을 고르기란 그리 어렵지 않다. 정서와 인식의 직접적 표출, 비루한 자아의 잦은 노출, 속되고 잡스런 언어 사용 등, 정제된 형식과 언어의 조탁을 의도적으로 거부하는 작품은 그의 시집에서 반복적으로 출현한다. 고전 운문의 경우 단아하고 간명한 형식과 고도의 상징성으로 관념을 형상화하는 평시조와 달리, 사설시조는 내용 면에서 솔직함, 대담성, 해학성을 특징으로 하고, 실생활에 밀착된 소재들과 일상에서 벌어지는 비주류의 삶을 주로 다룬다. 조성국의 시는 이러한 사설시조의 특징이 시작(詩作) 방식과 단단히 결합되어 있다. 이를테면 "새벽부터 음운들이 욕을 하며 비행했다 건기의 징후들이 신문에 쫙, 깔리고 먼지가 상륙하고 육지는 기화했다 고래는 광장으로 진달래는 어항으로 생쥐는 산으로 가고 영산홍은 산호가 됐고 콧노래는 구름으로 뭉쳤다가 뭉개지고 뻐꾸기는 울다가 덜커덕, 털이 됐고 그늘을 좇던 해는 그믐달로 떠버렸고 대낮을 문지르면 먹구름이 피어나고 야밤을 문지르면 불꽃이 흩어지고 뉴스는 컬러였다 흑백으로 두 쪽 났다 사방이 쪼개졌고 기억할 게 많아졌다 리본 동백 나비 촛불 심장 입술 손가락, 옷깃에 달아야 할 배지가 늘어났고 무거웠다"(「봄날을 잡아간 국어」)라는 시의 중장은 사설시조에서 주로 사용되는 반복과 열거와 과장과 구어체적 요소들을 여실히 보여준다. 그의 시는 "낮은 세계의 삶을 포착하는 수평적 시선"이라 일컬어지는 사설시조의 특징을 기반으로 하고 있는 것이다.

조성국 시에서의 문학사적 연속은 시적 자아의 태도와 정서에서 의미심장하게 드러난다. 그의 시가 가진 이런 분방함은 외방인의 기질로 인한 반항심의 소산으로 여겨진다. 조성국 시의 자아는 스스로 용렬한 조롱의 대상이 되기도 하고, 시정배와 같이 거칠고 속된 언어를 구사한다. 그렇더라도 시의 구도 속에 등장하는 인물들이 전적으로 부정으로 일면화하지는 않는다. 시적 자아는 일상의 기행(奇行)을 통해 사회적 외방인으로서의 탈주를 열망하나, 자신은 어느 것 하나 제대로 달성할 수 없으리라는 자괴감으로부터 자유롭지 못하다. 그리하여 시적 자아는 자주 해학적으로 우울하다. 조성국의 시는 자기로부터, 자기의 삶으로부터 멀리 달아나고 싶은 자가 가진 순응적 일상인으로서의 한계 의식을 다음과 같이 해학적으로 표현한다.

감염병 돌고 나서 문을 닫아걸었다

바리캉 주문해서 옆에다 쥐어줬다 싫다는 손에 억지로 버펄로 머리통을 디밀었다 맨발로 오래 지내다 보면 망가지고 싶어진 장난감 인형처럼 함부로 굴고 싶을 때가 있다

조각가 로댕도 생각을 망치고 대리석을 때려 부순 적이 있었을 것 고성능 기계라도 무딘 손에 잡히면 저도 모르게 스텝이 꼬였을 거고 손은 매번 생전 처음 느껴보는 섬세한 절삭력에 혀를 내둘렀을 게다 그리하여 내 두상은 몇 달째 돌연, 변이 중

가는 내 발목은 참새만 한 가슴이 붙들고 있고 설악산에 벌써 첫눈 내렸고 체감온도는 영하인데 아직 체온은 36.5도를 유지 중이고 모기 입은 돌아갔고 작은 내 입은 마스크가 틀어막고 있는데도 부엌 뒤지며 먹을 거 찾아다니느

라 내 계절과 방향감각은 식탁처럼 무뎌져 간다

윤도 나고 씻기도 쉽게 미련 없이 밀어버릴까 그러면 저
도 나도 뒷말 없이 깔끔하겠으나 아직도 불만 있는 놈으로
비쳐질까 조심스럽고 나갈 일은 어떻게든 먹구름처럼 찾
아오고 아직 아들놈들 결혼하기 전이라서 모자 눌러쓰고
캄캄하게 버티는 중 삼겹살 자동판매기까지 나왔다는데
자동머리깎기통은 나 죽어야 나올 건가

오늘도 과정은 불안했고 결과는 우울하다

—「바리캉」 전문

"맨발로 오래 지내다 보면 망가지고 싶어진 장난감 인형처럼 함부로 굴고 싶을 때가 있다"라는 고백에서 드러나듯, 조성국 시의 시적 자아는 일상으로부터의 탈주를 꿈꾼다. "나는 방우(放牛) 목우(牧牛) 그리고 출가(出家) 가출(家出) 이 허전한 단어들을 이리저리 굴려"(「깡통」)본다거나, "외박을 이제 가끔 연습하기 시작할 때"(「정류장」)라며 그는 도마뱀이 자신의 꼬리를 자르고 달아나듯 삶의 바깥으로 달아나고 싶어 한다.

그러나 이러한 열망에는 범인(凡人)으로서의 고민이 깊숙이 개입한다. "아직도 불만 있는 놈으로 비쳐질까 조심스럽고 나갈 일은 어떻게든 먹구름처럼 찾아오고 아직 아들놈들

결혼하기 전이라서 모자 눌러쓰고 캄캄하게 버티는 중"이라는 표현에는 머리를 삭발할 수 없는 개인적이고도 단순한 핑계만이 아니라 자신의 삶이 자신의 감각 바깥을 겉돌고 있을 뿐이라는 사실, "아직도"와 "아직"을 왕래하는 바로 이 한계의식에 기인한 일종의 우울한 심화가 담겨 있다. 시인은 탈주에 대한 욕망이 영영 달아나버릴세라 마침내 분방한 언어를 동원하여 그것을 자족적 향유가 넘치는 시로 옮겨 적는다.

가야 할 때도 올 때처럼 종잡을 수 없는 거지

1.
터질 건지 말 건지 나도 잘 모르겠어
수사를 의뢰해도 미궁에 빠질 거야
우연을 목 졸라도 나올 게 없을 거고
포렌식을 하더라도 스모킹 건은 없을 거야
baby boom boom, baby bomb bomb
어쩌다 겹친 발자국을 세탁할 수도 없고

2.
통화는 줄어들고 가슴만 새근대겠지
지식창 두드리며 겨울을 났을 거야
낙엽을 되살리고 얼음 다시 녹이고

닥스훈트 두 앞발을 늘리고 싶었겠지
잠 못 드는 이유들을 집요하게 올렸을 걸
내가 돌을 든 순간 먹구름은 무슨 생각했을까요
돌을 내려놓으면 햇빛 다시 올까요
그때까지 8분 동안 님들은 무얼 할 건가요
눈을 치울 건가요, 눈을 감을 건가요
baby boom boom, baby bomb bomb
개들은 왜 나만 보면 까마귀처럼 짖는 걸까요

3.
내비게이션은 없고 먼지경보만 북적일 걸
명작 같은 메모들은 표절을 했을 거야
흐린 날 공복에는 조용필의 킬리만자로 표범을 듣고
1월에 몰래 외운 시는 이호우의 개화
4월에 몰래 옮긴 시는 이형기의 낙화
메모장 끝 문장이 희망적일지 몰라
나이아가라에서 뛰어내리고도 멀쩡하게 살아남은 남자
baby boom boom, baby bomb bomb
결국은 오렌지 껍질에 미끄러져 죽었다

4.
동면하는 나무처럼 호흡은 적게 하고

눈귀는 틀어막고 광장은 가지 않고
올드한 베이비라 전철에선 안절부절못하고
쌀밥은 그래야지, 하루 한 끼만 먹어야지
baby boom boom, baby bomb bomb
건강은 챙기더라도 치료는 받지 않겠네

이보게,
바나나 먹을 때 헬멧은 쓸까? 말까?

—「베이비 붐붐 베이비 밤밤」 전문

인용한 시의 의미를 해독하는 일은 누군가의 머릿속에서 벌어지는 자유연상을 논리적으로 따라가 보겠다는 것만큼이나 어리석은 노릇이다. 시는 하나의 형상으로 응집되지 않고 이 사유에서 저 사유로 곧장 비약한다. 연상의 분방함에 의해 시는 낱낱이 흩어진 퍼즐조각처럼 어지럽고 난해하다. 시 1은 우리를 그야말로 "미궁"에 빠지게 만들고, 시 2는 대상과 상황을 종잡을 수가 없으며, 시 3과 4에서 툭툭 불거지는 화자의 일상은 앞뒤 맥락을 짐작하기 힘들다. 차라리 이 시는 여음이자 후렴구의 역할을 하는 "baby boom boom, baby bomb bomb"의 소리와 리듬에 흥을 맡긴 채 비트(beat)와도 같이 쏟아지는 화자의 온갖 푸념을 그냥 '소리'로써 즐기는 게 상책이다. 부연하자면 시의 제목이자 여음인 "baby boom boom, baby bomb bomb"은 필체로 운명을 점치기 위해 "옆에서 붐붐밤밤, 써보라고 주문했다"(「필체」)라는 에피소드에서 착상이 시작된 걸로 보인다. 혹은 일상을 진지하게 묘사하려는 고심에서 벗어나 시적 유희에 시선을 돌리는 발상의 전환이 일어난 곳이 이 지점인지도 모른다.

의미의 부재를 통해 시인이 창조한 유희적 일상은 실제의 일상과는 또 다른 실체이다. 그것은 자기로부터 벗어나려던 실제의 자아만큼이나 살아있는 형상을 간직하고 있다. 분방한 언어 속에 자기를 드러냈다 감추기를 반복하는 이 유희적 생동감이야말로 조성국의 시가 보여주는 또 하나의 색다른 매력이다.

서랍을 정리하다 송충이가 나왔다

애벌레처럼 한잠 자고 밤새워 공부한다, 하고 시험 때만 되면 깨워달라, 했고 당신은 초저녁부터 자빠진 내 곁에서 부채질해주고 가는 손목에 수갑처럼 채워진 시계 들여다보며 시간마다 나를 깨웠다 겨우 눈을 떠보면 반달은 그믐달이 되어 휘휘 졸고 졸면서도 잠 쫓느라 금강경을 외웠다 국어책은 양은 밥상에서 모란꽃 같은 시를 외우다 저 혼자 시들고 수학책은 인수나 미지수가 뭔지 모르고 분해됐고 나는 학교 갈 때쯤에야 좀비처럼 벌떡 일어나 왜 깨우지

않았냐 하고 눈알 부라리고 밥도 안 처먹고 학교 간다 지랄해서 낡은 솔잎 같은 당신 실핏줄까지 갉아먹었다

오래전 죽은 줄 알았던 송충이가 자고 있다

—「손목시계」 전문

아포리아와 풍자와 분방한 언어로 거침이 없는 조성국의 시도 혈육과 관련한 가족 드라마 앞에서는 상처와 결핍을 감추지 않는다. "아버지는 파리채를 유난히 애용했다 바깥이 마음에 들지 않을 때마다 집 안에다 파리채를 휘둘렀다 급히 보내드리느라 미처 챙기지 못했다"(「파리채」)와 같은 고백에서 우리는 시인과 아버지의 상관관계가 애증으로 묶여 있음을 쉽게 짐작할 수 있다. "뻐꾸기가 제 알을 남의 둥지에 넣듯 아버지는 식구들을 판잣집에 밀어 넣었다"(「누나의 돌」)라든가, "어머니는 이 새끼야, 상업은 하더라도 동업하고 보증은 절대 안 된다, 내 멱살 잡아 흔들며 몇 번이고 당부하는 동안 이불을 뒤집어쓰고 아버지는 죽은 척했다"(「가정환경조사서」)라는 아주 생생한 시인의 과거사를 읽으며 우리는 그의 아버지를 상상한다. 그러나 사랑과 미움은 동전의 앞뒤와 같다. 아버지에 대한 미움은 사랑의 다른 말이고, 그가 아버지를 놓고 시를 쓴다는 자체는 사랑의 다른 말이다.

「손목시계」를 보자, 학창 시절의 어느 하루를 기억하는 그

의 언어는 자신에게 대단히 부정적이지만, 그 위악은 어머니를 향해 아들인 '나'가 "솔잎 같은 당신 실핏줄까지 갉아먹었다"며 사모곡(思母曲)을 부름에 다름 아니다. 가족은 그의 상처이자 결핍의 근원이고, 또한 그 상처와 결핍을 치유하기 위해 돌아갈 정처다.

무정형의 정형과 분방한 언어에 대한 시인의 지향을 표준적이고 주류적인 사회에 대한 비판으로 읽을 때 우리는 조성국의 시에 나타나는 우수를 조금이나마 이해할 수 있다. 해학성을 갖춘 조성국의 시는 사회적 외방인을 꿈꾸기에 우울하다. 하지만 시인은 다음과 같이 노래한다. 그에겐 가족이라는 정처가 있는 것이다. 참으로 다행스러운 일이 아닐 수 없다.

이맘때 한 번쯤은 바람 불고 비가 온다
마당은 젖어 있고 호두 거의 떨어졌다

가야 할 사람은 멀고 남을 사람은 가깝다

김밥으로 때웠다는 누나 저녁은 길고
통화 속 장모 얼굴 몇 날 식은 밥 같다

갈 길이 바쁜 사람들은 뒤를 자주 돌아본다

아이들의 안부는 물으려다 그만둔다
간이역은 폐쇄됐고 내 인근은 적막하다

구름이 가다 멈추고 철새들이 내린다

내일 파주 소래에 영하(零下)가 온다 한다
아내는 죽을 끓이고 나는 호두를 줍는다

아침은 또 얼겠지만 나무 위는 환하겠지

—「간이역 인근」 전문

시인동네 시인선 148

적절한 웃음이 떠오르지 않았다

초판 1쇄 발행 2021년 3월 15일
초판 2쇄 발행 2021년 9월 13일
지은이 조성국
펴낸이 김석봉
디자인 헤이존
펴낸곳 문학의전당
출판등록 제448-251002012000043호
주소 충북 단양군 적성면 도곡파랑로 178
전화 043-421-1977
전자우편 sbpoem@naver.com

ISBN 979-11-5896-506-8 03810

*이 시집은 한국문화예술위원회 '2019년 아르코문학창작기금' 지원을 받아 제작되었습니다.
*이 시집은 〈2021 문학나눔 도서보급사업〉에 선정되었습니다.